ANALISI DEL LIBRO

AF143876

Il Piccolo Principe

· · · · · · · · · · · · · · · · ·

ANTOINE DE SAINT-EXUPÉRY

ANALISI DEL LIBRO

Scritto da Pierre Weber
Tradotto da Sara Rossi

Il Piccolo Principe

ANTOINE DE SAINT-EXUPÉRY

ANTOINE DE SAINT-EXUPÉRY   **5**

Scrittore, poeta e pilota francese   5

IL PICCOLO PRINCIPE   **6**

Un racconto universale e profondo   6

SINTESI   **7**

Un bambino caduto dal cielo   7
Una routine quotidiana insolita   7
Esplorare il mondo   8
Gli elementi essenziali della vita   9

STUDIO DEL CARATTERE   **10**

Il Piccolo Principe   10
Il narratore   11
La rosa   11
La volpe   13
Il serpente   13
Gli abitanti dei pianeti   13

ANALISI   **15**

Un'opera simbolica   15
Un viaggio iniziatico   16
Una critica al mondo moderno   17

ULTERIORI RIFLESSIONI   **19**

Alcune domande su cui riflettere...   19

ULTERIORI LETTURE   **20**

Edizione di riferimento   20
Studio di riferimento   20
Adattamenti   20

ANTOINE DE SAINT-EXUPÉRY

SCRITTORE, POETA E PILOTA FRANCESE

- **Nato a Lione nel 1900**
- **Morto in mare aperto, vicino alla Corsica nel 1944**
- **Opere degne di nota:**
    - *Volo di notte* (1931), romanzo
    - *Vento, sabbia e stelle* (1939), romanzo
    - *Il Piccolo Principe* (1945), romanzo

Pilota e scrittore francese, Antoine de Saint-Exupéry nacque a Lione nel 1900 e morì nel 1944 al largo della Corsica, durante un volo di ricognizione per le forze alleate. Pioniere della posta aerea e instancabile esploratore, pubblicò le sue prime opere tra gli anni Venti e Trenta, molte delle quali autobiografiche (*Posta del Sud*, 1929; *Volo di notte*, 1931).

Il Piccolo Principe (1945) e *Vento, sabbia e stelle* (1939, vincitore del Grand Prix du roman dell'Académie française) restano due dei suoi maggiori successi letterari.

IL PICCOLO PRINCIPE

UN RACCONTO UNIVERSALE E PROFONDO

- **Genere:** Storia
- **Edizione di riferimento:** De Saint-Exupéry, A. (2000) *Il Piccolo Principe*. San Diego: Harcourt.
- **Prima edizione:** 1943
- **Temi:** infanzia, apprendimento, mondo degli adulti, amicizia/amore, vita/morte

Racconto filosofico particolarmente famoso, *Il Piccolo Principe* è la storia dell'incontro tra un pilota bloccato nel deserto del Sahara e un bambino che sembra provenire direttamente dalle stelle. Storia di iniziazione con una forte dimensione simbolica, fu pubblicato per la prima volta nel 1943 negli Stati Uniti sotto forma di traduzione inglese illustrata dall'autore, poi in Francia nel 1945, dopo la morte dello scrittore.

Riferimento imprescindibile della letteratura francese, il suo successo nelle librerie è ancora oggi notevole.

SINTESI

UN BAMBINO CADUTO DAL CIELO

Scritto in prima persona, *Il Piccolo Principe* rivela alcuni ricordi d'infanzia del narratore, di quando amava disegnare boa constrictor. Ma quando condivideva i suoi "capolavori con gli adulti", questi gli consigliavano di dedicarsi a "geografia, storia, aritmetica e grammatica".

Dopo un'infanzia solitaria, il narratore diventa pilota. È dopo un atterraggio forzato nel mezzo del Sahara che incontra il Piccolo Principe. È un bambino, di aspetto simile agli altri, che si è perso nel deserto eppure non sembra mancargli nulla. Sveglia il pilota dopo la prima notte di attesa, chiedendogli: "Se non ti dispiace… disegnami una pecora".

Sorpreso, il pilota fa quello che gli chiede. Ma nessuno dei suoi schizzi sembra soddisfare il Piccolo Principe. Come ultima risorsa, finisce per disegnare una scatola con dei buchi e dice al bambino: "La pecora che vuoi è dentro". Questo soddisfa il principe che, ormai felice, osserva che la pecora si è addormentata.

UNA ROUTINE QUOTIDIANA INSOLITA

Nei giorni successivi, il narratore impara a conoscere il Piccolo Principe. Scopre che proviene dall'asteroide B-612, un pianeta così piccolo che è appena più grande di una casa. La vita del Piccolo Principe era occupata da attività quotidiane come spazzare i suoi tre piccoli vulcani o potare i baobab, pericolose erbacce che avrebbero minacciato il pianeta se avessero raggiunto le dimensioni adulte.

Il Piccolo Principe amava guardare i tramonti: l'asteroide era così piccolo che bastava spostarsi di pochi metri per vedere un altro tramonto. Il ragazzo racconta che una volta ha visto quarantatré tramonti in un solo giorno.

Il ragazzo racconta anche la storia della sua rosa. Un giorno assistette alla nascita di una rosa tanto bella quanto esigente. Si innamorò, ma i capricci del fiore vanitoso finirono per avere la meglio sulla sua pazienza.

ESPLORARE IL MONDO

Il Piccolo Principe decise allora di lasciare la sua rosa e il suo asteroide per esplorare i pianeti. Durante il viaggio, incontrò una serie di personaggi variopinti: l'autoproclamato regnante di un regno illusorio, un uomo presuntuoso, un alcolizzato, un uomo d'affari ossessionato dal conteggio delle stelle che possedeva, un lampionaio il cui pianeta era così piccolo che doveva lavorare in continuazione, e infine un geografo, un uomo di libri che si rifiutava di esplorare il mondo in prima persona. Il Piccolo Principe fu colpito dall'assurdità delle preoccupazioni di questi personaggi e dalla loro solitudine.

Il bambino arrivò quindi sulla Terra. Lì incontrò un serpente che parlava per enigmi, poi un "fiore di nessun conto", prima di scoprire l'eco delle montagne e, infine, arrivò nel mezzo di un bellissimo roseto, dove si rese conto con tristezza che non c'era nulla di unico nella sua rosa.

GLI ELEMENTI ESSENZIALI DELLA VITA

Un giorno incontrò una volpe che desiderava con tutto il cuore che il Piccolo Principe lo addomesticasse. La volpe gli spiegò che la parola "addomesticare" significava "creare legami" (p. 68) e che si sarebbe legata a lui attraverso l'amicizia. Per il Piccolo Principe questa fu l'occasione per capire il vero significato dell'amicizia. Lasciò il suo compagno pieno di tristezza.

Gli ultimi conoscenti del Piccolo Principe sono stati il manovratore, che smistava i treni sovraffollati, e il mercante che vendeva pillole per dissetarsi. Poi torna nel deserto, dove incontra il narratore.

Sono passati otto giorni dall'incontro tra il narratore e il Piccolo Principe e la mancanza d'acqua sta diventando un problema. Il Piccolo Principe porta il narratore a un pozzo, simbolo di una fonte inesauribile e del tesoro nascosto in tutto e in tutti: "Ciò che rende bello il deserto […] è che da qualche parte nasconde un pozzo".

Ma presto arriva il momento di partire. Il narratore riesce a riparare il suo aereo e il Piccolo Principe viene morso dal serpente per liberarsi dal corpo e tornare sul suo pianeta, dove si prenderà nuovamente cura della sua rosa. Il racconto si conclude con la struggente evocazione dei ricordi del narratore: "Niente nell'universo può essere lo stesso se da qualche parte, non sappiamo dove, una pecora che non abbiamo mai visto ha – sì o no? – mangiato una rosa…".

STUDIO DEL CARATTERE

IL PICCOLO PRINCIPE

Con i suoi capelli biondi, la sciarpa sempre al vento e una risata tintinnante, il Piccolo Principe è un bambino misterioso proveniente da un pianeta lontano. Sensibile e curioso, non smette mai di fare domande, di esplorare l'universo e di cercare di capire il senso del mondo e della vita. È l'incarnazione dell'innocenza e della purezza dell'infanzia: la sua origine vaga e il suo aspetto ultraterreno contribuiscono a renderlo un bambino archetipico.

Saint-Exupéry ha utilizzato diversi modelli per costruire il personaggio. La sua personalità era direttamente ispirata ai figli dei suoi amici. La gestazione del personaggio, in ogni caso, è stata piuttosto lenta (uno dei primi schizzi è apparso nel 1940, in una lettera all'amico Léon Werth, a cui è dedicato anche il racconto). L'idea della sua apparizione in mezzo al deserto deve molto ad un incidente vissuto da Saint-Exupéry in Libia, dove fu salvato da una carovana di nomadi (un aiuto "caduto dal cielo", come disse lui stesso).

Sebbene la ricerca del Piccolo Principe non sia mai definita in modo esplicito, vengono trattati temi importanti per i bambini sulla vita: l'amore, l'amicizia, il senso della vita, la morte, ecc. Ciò che dice sembra spesso ingenuo, ma si rivela piuttosto profondo.

IL NARRATORE

Il racconto fornisce poche informazioni sul personaggio del narratore, se non che è un pilota bloccato nel deserto e che è stato un bambino pieno di immaginazione prima di dover scegliere una carriera più seria. È il confidente del Piccolo Principe e l'intermediario tra la storia del Piccolo Principe e il lettore. Dopo aver ascoltato il racconto del Piccolo Principe su ciò che ha imparato dalla volpe, il narratore stesso impara dal bambino cosa rende importante qualcosa e cosa è essenziale nella vita, in particolare quando cercano l'acqua nel deserto. La sua ricerca del pozzo dimostra che le lezioni devono essere apprese attraverso l'esplorazione personale, non solo leggendo libri.

È facile immaginare che dietro il personaggio del narratore si nasconda lo stesso Saint-Exupéry: la sua professione di pilota, i suoi sogni d'infanzia e l'incidente nel deserto sono tutti elementi tratti dalla vita reale dell'autore. Essi conferiscono alla storia uno status ambiguo, mescolando la realtà e il meraviglioso. Questo con l'intento di far capire che la storia non deve essere vista come un semplice racconto per bambini, ma come una storia che ha un significato e può essere letta in ogni fase della vita.

LA ROSA

Sebbene la rosa appaia solo in due o tre capitoli, svolge un ruolo cruciale nell'intero romanzo, perché la sua natura orgogliosa e melodrammatica è la causa della partenza del Piccolo Principe. Allo stesso modo, è il ricordo della sua rosa che spinge il principe a tornare sul suo pianeta: "Sai, il mio fiore… Sono responsabile per lei. E lei è così debole! È così ingenua! Ha quattro spine, che non servono a nulla, per proteggersi da tutto il mondo…".

Il valore simbolico di questo personaggio è particolarmente forte. La rosa può essere vista come l'incarnazione dei diversi lati dell'amore:

- sul pianeta del Piccolo Principe, si oppone ai baobab per rappresentare la fragilità e la ricchezza dell'amore;

- il suo comportamento, quando cerca di conquistare l'amore del Piccolo Principe facendo leva sui suoi bisogni più o meno immaginari per ottenere la sua costante attenzione, può essere un richiamo alle donne;

- il rapporto tra il bambino e la rosa è un'immagine di una relazione romantica: gli errori commessi da ciascuno dei due personaggi – l'eccessiva importanza attribuita alle lotte quotidiane, l'incapacità di percepire e sfruttare la felicità che hanno – rimandano agli errori della vita reale. Il viaggio del principe, in particolare l'incontro con la volpe, ci permette di vedere l'inizio di una soluzione.

Inoltre, la rosa potrebbe riferirsi anche a Louise Lévêque de Vilmorin, la figlia di buona famiglia con cui Saint-Exupéry ebbe una relazione sentimentale prima di dedicarsi alla carriera da pilota. Costretto dalla famiglia a scegliere tra il matrimonio e il volo, alla fine scelse il volo, scelta per la quale ebbe un grande rimorso.

LA VOLPE

La volpe appare all'improvviso, quando il principe è sconvolto dalla scoperta della non originalità della sua rosa. È lui che insegna al bambino una delle cose essenziali della vita: l'amore. È facendogli capire la parola "addomesticare" e l'importanza dei legami che si possono creare con gli altri che la volpe permette al Piccolo Principe di capire veramente l'amicizia e l'amore: "Se mi addomestichi, allora avremo bisogno l'uno dell'altro. Per me sarai unico in tutto il mondo. Per te, io sarò unico in tutto il mondo…". È anche la sua saggezza che fa capire al ragazzo cosa è veramente importante nella vita e come gli adulti, purtroppo, lo dimentichino troppo spesso. Dopo il suo viaggio, la volpe rivela il suo segreto: "È solo con il cuore che si può vedere bene; l'essenziale è invisibile agli occhi".

IL SERPENTE

Sebbene il serpente incontrato nel deserto parli per enigmi, il suo linguaggio richiede meno interpretazione rispetto alle altre figure del romanzo. Per capirlo, infine, non è necessario dare risposte e nemmeno porre domande. È lui che padroneggia i misteri della vita. Il suo morso velenoso è anche un riferimento biblico e indica che egli rappresenta una morte inevitabile.

GLI ABITANTI DEI PIANETI

Quando il Piccolo Principe parte alla scoperta di altri pianeti, incontra personaggi stravaganti che rappresentano diversi aspetti della natura umana. È quindi attraverso questi incontri che impara a conoscere il mondo degli adulti e le sue peculiarità:

- il re rappresenta la sete di potere e il bisogno di autorità di alcuni individui;

- il principale presuntuoso riflette il bisogno dell'uomo di ricevere complimenti. Che l'adulazione sia sincera o meno è irrilevante ("Fammi questa gentilezza. Ammiratemi lo stesso.";

- l'alcolista è un'allegoria (rappresentazione di un'idea astratta attraverso un'immagine) del ritiro interiore e dell'immagine dell'uomo che cerca di sfuggire alla realtà;

- l'uomo d'affari è l'incarnazione dell'uomo orgoglioso che è così impegnato a fare soldi per arricchirsi che la vita reale gli passa davanti;

- il lampionaio rappresenta l'uomo intrappolato dalle istruzioni ricevute su cui non ha alcun controllo, anche se sono assurde: "Non c'è niente da capire. Gli ordini sono ordini";

- il geografo rappresenta il saggio chiuso nella sua torre d'avorio e intrappolato dal suo sapere libresco. Non ha alcuna conoscenza della realtà ("Il geografo è troppo importante per andare in giro a bighellonare. Non lascia la sua scrivania.");

Attraverso questi personaggi, l'autore ci mostra la futilità di tutti questi comportamenti che in realtà sono molto diffusi tra gli adulti: "Gli adulti sono certamente del tutto straordinari".

ANALISI

UN'OPERA SIMBOLICA

Dietro l'apparenza falsamente ingenua di una storia per bambini, rafforzata dallo stile di scrittura scarno e dai semplici acquerelli che illustrano l'opera, *Il Piccolo Principe* ha un notevole significato simbolico.

Così come insegna che l'essenziale è invisibile all'occhio e deve essere percepito attraverso il cuore (dal boa che digerisce un elefante, al pozzo nascosto nel deserto, fino alla pecora nascosta nella scatola), il racconto stesso può essere letto come un enigma, un simbolo, una scatola all'interno della quale un boa è sepolto da preziose verità. Alcuni elementi del racconto sono particolarmente ricchi a questo proposito:

- il viaggio del Piccolo Principe come viaggio di iniziazione o scoperta del mondo degli adulti da parte di un bambino;

- i personaggi del serpente e della volpe, che la cultura occidentale solitamente dipinge in modo negativo, ci invitano a guardarli in modo diverso (il serpente porta la morte come una liberazione; la volpe come un amico fedele che il Piccolo Principe impara a domare nello stesso momento in cui doma l'amicizia stessa);

- il rapporto con la rosa, immagine dell'amore, simbolo di fragilità e personaggio chiave;

- lo stesso Piccolo Principe, incarnazione dell'innocenza, dell'ingenuità e della poesia infantile, un'immagine dell'infanzia nel suo complesso che viene riportata agli occhi del narratore;

- altri elementi come i diversi personaggi incontrati durante il viaggio del Piccolo Principe, che fungono da critica al mondo moderno o, meno evidentemente, l'arido deserto, luogo di solitudine ma anche di arricchimento e introspezione, e il pozzo, immagine del tesoro sepolto in tutto e tutti.

Il valore de *Il Piccolo Principe* – e una delle possibili spiegazioni del suo grande successo – è certamente dovuto al fatto che nessuna interpretazione riesce ad esaurire la ricchezza dell'opera; ci sarà sempre qualcosa da scoprire.

UN VIAGGIO INIZIATICO

Il viaggio del Piccolo Principe può essere visto come un'iniziazione, durante la quale il bambino deve lasciare il comfort e la sicurezza della sua casa e della sua famiglia, per affrontare il mondo degli adulti, il mondo reale, che deve esplorare da solo prima di tornare alle sue radici. Durante questo viaggio, deve imparare a capire la vita e le domande essenziali che ogni bambino deve affrontare: l'amore, l'amicizia, il senso della vita, la morte, ecc.

La scoperta del mondo degli adulti è talvolta un'esperienza dolorosa: di fronte a comportamenti e regole che non capisce e che percepisce come assurdi, il Piccolo Principe riceve solo spiegazioni insoddisfacenti o sdegnose. In un certo senso, il mondo degli adulti lo rifiuta e lo respinge. Esiste un chiaro parallelo con il modo in cui il bambino percepisce le risposte che gli adulti gli danno in merito alle sue numerose domande.

La caratteristica del viaggio iniziatico del Piccolo Principe è che non solo permette al bambino di crescere, ma anche all'adulto di arricchirsi. Così, l'incontro con il Piccolo Principe permette al narratore, paradossalmente, di tornare alla sua infanzia per progredire verso una migliore comprensione della bellezza della vita e del mondo.

UNA CRITICA AL MONDO MODERNO

L'opposizione tra il mondo dell'infanzia e quello dell'età adulta è presente in tutto *Il Piccolo Principe*. Questa opposizione è un'opportunità, per Saint-Exupéry, di criticare i valori degli adulti che sono diventati i valori del mondo moderno.

Tutti i personaggi incontrati dal Piccolo Principe durante il suo viaggio, descritti in modo caricaturale, illustrano i fallimenti della modernità:

- il materialismo (la dottrina filosofica che dà il primato alla materia sulla mente: per estensione, il materialista rappresenta la persona che cerca beni e piaceri materiali), che ci porta a considerare le figure (l'uomo d'affari, il geografo, le descrizioni all'inizio del libro), il potere (il re, l'uomo presuntuoso) e le apparenze (l'aneddoto dell'astronomo turco) al di sopra di tutto;

- la frenetica corsa contro il tempo, attraverso gli incontri con il commesso o il venditore di pillole per curare l'alcolismo;

- l'assurdità di certi comportamenti, compresi quelli dell'alcolista o del lampionaio, ecc.

In risposta a ciò, Saint-Exupéry propone un feroce idealismo, tinto di ottimismo e di sogno. *Il Piccolo Principe* è quindi un appello ad una visione poetica e generosa del mondo.

ULTERIORI RIFLESSIONI

ALCUNE DOMANDE SU CUI RIFLETTERE...

- In che modo la ricerca del Piccolo Principe simboleggia quella di tutti i bambini?

- Cosa rende questo testo un racconto?

- Cosa conferisce al Piccolo Principe un aspetto che può essere descritto come "ultraterreno" o "meraviglioso"?

- La rosa è sempre stata un fiore estremamente simbolico. Quali simboli le associa Saint-Exupéry ne *Il Piccolo Principe*?

- Qual è il ruolo della volpe?

- La storia insegna che l'essenziale è invisibile agli occhi e deve essere percepito dal cuore. Nello specifico, come lo illustra Saint-Exupéry?

- Secondo lei, perché l'autore ha ambientato la sua storia nel deserto?

- In che modo il viaggio del Piccolo Principe è un viaggio di iniziazione? Conosce altre opere che raccontano questo tipo di viaggio?

- Possiamo dire che anche il narratore compie in un certo senso un viaggio iniziatico? Giustificate la vostra opinione.

- Che cosa critica Saint-Exupéry?

- Secondo lei, cosa ha reso quest'opera un successo sia per gli adulti che per i bambini?

ULTERIORI LETTURE

EDIZIONE DI RIFERIMENTO

De Saint-Exupéry, A. (2000) *Il Piccolo Principe*. San Diego: Harcourt.

STUDIO DI RIFERIMENTO

Deschodt, E. (1980) *Saint-Exupéry*. Parigi: Edizioni Jean-Claude Lattès.

ADATTAMENTI

Il Piccolo Principe. (2008) [Fumetto]. Joann Sfar: Gallimard BD.

Il Piccolo Principe. (1974) [Film]. Stanley Donen. Dir. UK: Paramount Pictures.

Vogliamo sapere da voi!
Lasciate un commento sulla vostra biblioteca online
e condividete i vostri libri preferiti sui social media!

Perché scegliere Must Read?

Scoprite tutto quello che c'è da sapere su un libro, con i nostri riassunti e le nostre analisi concise e approfondite!

Scoprite il meglio della letteratura sotto una luce completamente nuova!

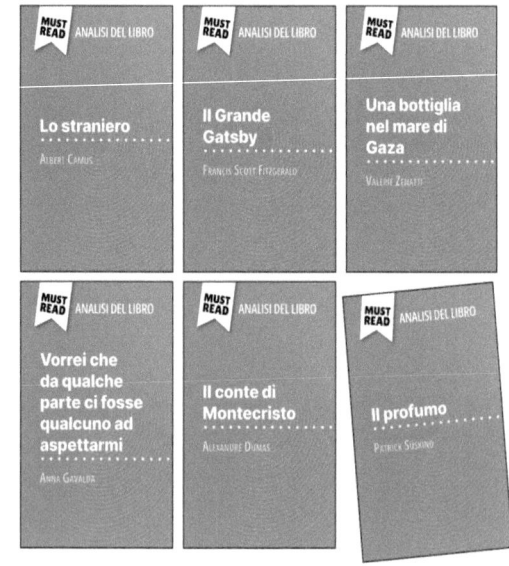

www.50minutes.com

www.50minutes.com

Master ISBN: 9782808689403
ISBN cartaceo: 9782808610803
Deposito legale: D/2023/12603/1360

Copertura: © Primento

Concezione digitale a cura di Primento, il partner digitale degli editori.

Wydawca zapewnia o wiarygodności publikowanych informacji, co jednak nie może wiązać się z jego odpowiedzialnością.

www.50minutes.com

Master ISBN: 9782808693905
Papierowy ISBN: 9782808615303
Depozyt prawny: D/2023/12603/1810

Verhaal: © Primento

Projekt cyfrowy: Primento, cyfrowy partner wydawców.